Les Habitans des Landes.

Jesrui

1811

LES
HABITANS DES LANDES,

COMÉDIE

EN UN ACTE, MÊLÉE DE COUPLETS,

PAR M. SEWRIN;

Représentée, pour la première fois, à Paris, sur le Théâtre
des Variétés, le 21 Octobre 1811.

NOUVELLE ÉDITION.

PARIS,

Chez J. N. BARBA, LIBRAIRE, PALAIS-ROYAL,

DERRIÈRE LE THÉATRE FRANÇAIS, N°. 51.

De l'Imprimerie de Hocquet, rue du Faubourg Montmartre, n. 4.

1817.

PERSONNAGES.   ACTEURS.

Le père BOUCAUT, métayer
  des Landes . . . . M. *Dubois.*
CLAREINE, sa fille. . . . Mlle. *Pauline.*
EUSTACHE, son fils et berger . M. *Vernet.*
La mère DAX, paysanne des
  Landes . . . . , Mad. *Baroyer.*
PIERRETTE, sa fille . . . Mlle. *Aldégonde.*
RUSTIQUE, son fils et berger . M. *Lefèvre.*
Mad. DE St.-LÉON . . . Mad. *Mengozzi.*
M. DE St.-LÉON, son fils. . M. *Cazot.*
TREMBLIN, domestique de
  M. de St.-Léon. . . . . M. *Brunet.*
ZOÉ, négresse appartenant à
  Mad. de St.-Léon. . . . Mlle. *Louise.*
LE TABELLION. . . . . M. *Fleury.*
Paysans et Paysannes des Landes.
L'un joue du tambourin, d'autres des casta-
  guettes.

―――――

*La Scène se passe dans les Landes de Bor-
deaux, entre St.-Séver et Tartas.*

LES HABITANS DES LANDES,

Comédie en un Acte.

Le Théâtre représente une forêt de pins; dans le fond une montagne aride; de chaque côté, sur le devant, une cahutte, en chaume, terminée en pointe et n'ayant qu'une seule porte pour ouverture; près de chaque cahutte, un arbre fruitier, une petite échelle dressée devant chaque arbre. A droite et à gauche un gros arbre couché par terre.

SCENE PREMIERE.

CLAREINE, *sortant de la cahutte à gauche, un petit panier au bras.*

Air de M. Tourterelle.

Fille, avant le mariage,
A l'esprit ben soucieux,
Encor cette nuit, je gage,
A pein' j'ons fermé les yeux :
Quand la noce va se faire,
En songeant à tant d'apprêts
Si déjà l'on ne dort guère,
Que sera-ce donc après ?
  Sans mentir,   (bis)
Moi, m'est avis que d' plaisir
On n' doit plus du tout dormir.

Quelquefois un soupir tendre
Qui s'échappe de mon cœur
A d'autres donne à comprendre
Que l' mariage m' fait peur ;
Mais quand mon âme pressée
Trompe ainsi l'œil indiscret,
Dans le fond de la pensée
Je sais bien ce qu'il en est,
  Sans mentir,   (bis)
Moi, je sens que c'est l' plaisir
Qui fait naître ce soupir.

Queuq' z'uns qui jas' par envie,
Dis' que l' mariage enfin
Fait le tourment de la vie
Et ne cause qu' du chagrin ;
Mais les croir' serait folie ;
Si c'était comme cela ,
D'où vient qu' tout l' mond' se marie
Et veut avoir ce chagrin-là ?
Sans mentir ,
Moi je crois qu' s'il faut souffrir,
C'est d' la pein' qui fait plaisir.

SCENE II.

CLAREINE , PIERRETTE.

PIERRETTE, *sortant de la hutte à droite, et de même avec un petit panier sous le bras.*

Ah !... déjà réveillée !

CLAREINE.

Tu l'es bien, toi.

PIERRETTE.

Moi, j' viens cueillir les fruits que l'orage d'hier a épargnés.

CLAREINE.

Et moi, pour dépouillier aussi c't'arbre là ... deux nôces demain !... Il faudra des provisions ... Pierrette, tu vas donc épouser mon frère ?

PIERRETTE.

Et toi ... t'épouses le mien.

CLAREINE.

Mon dieu oui !... Nous allons être sœurs !

PIERRETTE.

J'étions amies déja !

CLAREINE.

J' n'aurons plus rien à nous cacher.

PIERRETTE.

Plus rien.

CLAREINE.
Air : *T'es dans tes atours.*

Je te dirai tout.

PIERRETTE.

Moi d' même !

CLAREINE.

Moi d' même !

PIERRETTE

Moi d' même !

CLAREINE.

Ma confiance est extrême.

PIERRETTE.

Moi d' même !

CLAREINE.

Ton frère, d'abord... vois-tu bien je l'aime !...

PIERRETTE.

Le tien est d' mon goût ;
De d'même !

CLAREINE.

J' te dirai, dès qu' nous s'rons époux...

PIERRETTE.

Moi d'même.

CLAREINE.

Tout ce qui se passera chez nous...

PIERRETTE.

Moi d' même.

CLAREINE.

Quand il grondera...

PIERRETTE.

Et moi de même...

CLAREINE.

Quand on l'appais'ra...

PIERRETTE.

Et moi de même.

CLAREINE.

Quand il m'embrass'ra...

PIERRETTE.

Moi d' même !

CLAREINE.

Quand il m'oubliera.

PIERRETTE.

Moi d' même.

(Elles montent toutes deux sur leur échelle.)

CLAREINE.

Quoiq'çà, Rustique a ben promis de n' m'oublier jamais.

PIERRETTE.

Eustache aussi... mais les amoureux... on dit qu'c'est queuq'fois ben trompeur !

CLAREINE.

Le mien n'a des yeux que pour moi.

(En cueillant leurs fruits.)

(6)

DUO

Air de M. Frédéric Kreubé.

Il est aimable, il est galant,
Toujours soumis et complaisant,
De m'aimer il m'a fait l'serment,
Il le répète à chaque instant...
Le tien t'en a-t-il fait, ma chère,
Le tien t'en a-t-il fait autant ?

PIERRETTE.

Moi, d'sa tendresse à tout moment,
Je r'çois quelque nouveau présent,
Il m'a donné ce beau ruban,
Il m'a fait ce panier charmant,
Le tien t'en a-t-il fait, ma chère,
Le tien t'en-t-il fait autant ?

ENSEMBLE.

Il n'pens' qu'à moi s'il est absent,
Il n'voit que moi s'il est présent,
Tous les matins en arrivant
Il m'fait un joli compliment ;
Dis-moi si le tien en sait faire,
Dis-moi si l'tien en fait autant.

CLAREINE.

J'sommes aussi contentes l'une que l'autre, par ainsi j'n'aurons point d'jalousie.

PIERRETTE.

Non, vraiment.

CLAREINE.

Air de M. Guillaume.

Mais v'là déjà l'amour qui les rappelle,
J' les vois tous deux
Revenir vers ces lieux ;
Descendons vite et su' c'tt' échelle,
Craignons d'êt' surprises par eux.

(Rustique et Eustache paraissent dans le fond, montés sur des échasses.)

PIERRETTE.

C'est à tort que tu te déplaces,
La peur trouble en vain ton cerveau :
Ils sont tous deux montés sur leurs échasses,
Nous serons de niveau.

CLAREINE, *bas à Pierrette.*

Tais-toi, tais-toi. Ils ne nous aperçoivent pas...

SCENE III.

CLAREINE et PIERRETTE, *chacune sur l'échelle ;*
RUSTIQUE et EUSTACHE, *sur des échasses. Tous
deux s'avancent sans voir leurs maîtresses.*

RUSTIQUE.

Nos troupeaux son ben tranquilles, j'pouvons nous échapper
un p'tit brin.

EUSTACHE.

D'aieurs, nos chiens sont là qui les gardent, n'y a pas
d'risqu' qu'on ose s'en approcher.

RUSTIQUE.

J'men vas appeler Clareine. (*Il va vers la hutte à droite.*)

EUSTACHE.

Et moi, Pierrette. (*Il va vers la hutte à gauche.*)
*Clareine jette un fruit à la tête de Rustique, Pierrette en
fait autant à Eustache, les deux garçons se retournent.*

EUSTACHE.

Ohé !... dis donc, Rustique... les v'là !

Air : *Et puis nous nous disons bonjour.* (des Deux Petits Savoyards.)

RUSTIQUE, *s'avançant vers l'arbre.*

Morgué ! je v'nions pour vous dire bonjour.

EUSTACHE.

Morgué ! je v'nions pour vous dire bonjour.

CLAREINE et PIERRETTE, *leur défendant de s'approcher.*

Restez-là , je vous prie ;
De loin j' parl'rons d'amour.

RUSTIQUE.

Mon, non, ma chère amie.

EUSTACHE.

C'est demain qu'on nous marie :
   Près d' s'épouser,
   Un p'tit baiser
   Peut bien, je pense,
   Et' pris d'avance.

RUSTIQUE.

Oui, demain, ma chère Clareine,
Un doux mariag' nous enchaîne.

ENSEMBLE.

Toi ! moi ! nous n' ferons plus qu'un,
Tout deviendra commun.

EUSTACHE.

J' chant'rons la chansonnette !

RUSTIQUE.

J' dans'rons la castagnette.

EUSTACHE.

La flûta !

RUSTIQUE.

La cornemusa !

TOUS, ENSEMBLE.

La, la, la, la, la, la, la, la, la, la, la,
Youp! youp! youp! youp!
Chaq' jour, ma sœur,
Sera marqué par le bonheur.

CLAREINE.

Si mon père nous surprenait,

PIERRETTE.

Si ma mère allait vous entendre...

RUSTIQUE et EUSTACHE.

Dam ! dam ! on peut bien nous surprendre,
Je ne vois point queu mal on fait...
(*dansant*)
J' chantons la chansonnette,
J' dansons la castagnette,
La flûta !
La cornemusa !...

TOUS, ENSEMBLE.

La, la, la, la, la, la, la,
Cela leux prouverait
Qu' not' cœur est
Satisfait,
Saute Rustique, saute Cadet !
Youp! youp! youp! youp !...

CLAREINE, *voulant descendre.*

Allons-nous-en.

RUSTIQUE.

Oh ! non... restez donc là... Tenez, r'gardez; j' sommes
de plein pied pour causer avec vous.

SCENE VI.

Les Mêmes, Le Père BOUCAUT, ensuite LaMère DAX.

BOUCAUT, *sortant de sa cahutte, et voyant Rustique.*

Je ne me trompe point ; j' l'avais bien entendu.

LA mère DAX, *sortant de chez elle, et voyant Eustache.*

Voyez-vous c' libartin.... J' m'en étais doutée.

EUSTACHE.

Libartin!.. Ah! madame Dax, si j'l'étais, est-ce que vous
m'bailleriez vot'fille?

(*Clareine et Pierrette descendent de leur échelle.*)

BOUCAUT , *à Eustache.*

Air : *Une fille est un oiseau.*

Non, mais quand j'l'envoie aux champs
Pour mener ton troupiau paître,
Tu fais semblant d' disparaître
Et tu pass' ici ton tems.

LA MÈRE DAX , *à Rustique.*

Et quand j' te crois dans la plaine,
Toi, tu viens près de Clareine,
L'i conter quelque fredaine,
L'amuser par des chansons...

EUSTACHE.

Mais mon père !...

RUSTIQUE.

Mais, ma mère !...

BOUCAUT et LA MÈRE DAX , *ensemble.*

Laissez-là votre bergère,
Retournez à vos moutons.

SCENE V.

Les Mêmes , **UN PAYSAN** , *monté sur des échasses.*

LE PAYSAN.

Ohé! ohé! venez tous, accourez ben vite; v'là une voiture
avec une dame dedans, qui vient d' verser là-bas, à l'entrée
du bois.

EUSTACHE.

Une voiture !

RUSTIQUE.

Une dame qui varse !.. allons vîte.

BOUCAUT et LA MÈRE DAX.

Mes enfans , portons-lui du secours.

(*Ils courent vers le fond à droite.*)

SCENE VI.

CLAREINE, PIERRETTE.

CLAREINE.

O mon Dieu! pourvu qu'i n' lui soit point arrivé de mal.

Landes.   B

PIERRETTE.

Mais aussi, queu mauvais génie li a fait prendre ce chemin?
Les voyageurs devriont ben savoir qu'il n'y a point ici de route
pour les voitures.

CLAREINE.

Qui sait?.. I s'ront p'têt' égarés dans les Landes.

PIERRETTE.

Clareine, tiens, v'là qu'on l'amène cheux nous.

CLAREINE.

Vraiment oui, c'est une dame ben comme i faut.

(*Elles vont toutes deux au-devant.*)

SCÈNE VII.

Mad. DE St.-LÉON, *soutenue et amenée par* Le Père
BOUCAUT *et* La Mère DAX; ZOÉ, *portant une cas-
sette, un parasol et une mandoline;* CLAREINE, PIER-
RETTE; RUSTIQUE, EUSTACHE. (*Tous entourent
Mad. de St.-Léon, que l'on fait asseoir près de la cahutte,
à gauche.*)

TOUS.

Air : *De l'amitié la plus sincère.*

Vous secourir, vous être utile,
Sera pour nous un grand bonheur,
Nous n' vous offrons qu'un simple asyle,
Mais nous l'offrons de bien bon cœur.

MAD. DE St. LÉON.

Votre zèle me pénètre,
Mes bons amis, mes chers enfans !
Puissé-je un jour mieux reconnaître
Tant d'amitié, de soins touchans !

TOUS.

Vous secourir, vous être utile,
Cela suffit à not' bonheur,
Nous n' vous offrons qu'un simple asyle,
Mais nous l'offrons de bien bon cœur.

LA MÈRE DAX.

Comment vous trouvez-vous, Madame?

MAD. DE St.-LÉON, *se levant.*

Beaucoup mieux. J'ai eu plus de frayeur que de mal.

BOUCAUT.

Madame n'est pas de ces pays, à c' qui paraît?

MAD. DE St.-LÉON.

Je reviens d'Amérique. Il y a deux jours que j'ai débarqué

à Bayonne, et l'impatience de voir mon fils, qui est à Bordeaux, m'a fait prendre cette route, qu'on m'avait indiquée comme la plus courte.

LA MÈRE DAX.

On aurait ben dû vous dire aussi que c'n'était pas la meilleure.

BOUCAUT.

Jamais il n'y passe de voitures.

MAD. DE ST.-LÉON.

La mienne doit être brisée.

BOUCAUT.

Ou enterrée dans l'sable.

LA MÈRE DAX.

C'est vrai, car il n'y a que d'çà ici.

BOUCAUT.

Ah!.. et des forêts de pins, tant qu'on en veut.

CLAREINE.

Air : *Toujours à ma pensée.* (Sargine.)

Quoiqu'en dise mon père,
Venez chez nous, ne craignez rien ;
Madame, moi, j'espère
Que vous vous y trouverez bien.
Je suis encor jeune et novice,
Pourtant j' gouverne le logis ;
Sans qu' ça nous appauvrisse,
Tout est à vot' service,
Du lait, des fruits,
Et du pain bis,
Vous ferez un repas exquis.

PIERRETTE.

Mais à ses droits ma mère
Ne veut pas renoncer ainsi,
Venez dans not' chaumière,
Vous y serez fort bien aussi.
R'posez-vous sur not' prévoyance,
Madam', c'est moi qui vous conduis,
Si, comme je pense,
J'avons la préférence,
Du lait, des fruits,
Et du pain bis,   } bis, en chœur.
Vous ferez un repas exquis.}

MAD. DE ST.-LÉON.

Aimables enfans... Je vois que vous leur apprenez à exercer l'hospitalité.

BOUCAUT.

Oh! dam, c'est not' seul plaisir à tous.

(12)

Air : *Vaud. d' Arlequie Cruelle.*

Lorsque l'on n'a pas de besoins ;
  Lorsque l'on est dans l'abondance,
A d'autr' encore on peut du moins
  Prêter son assistance.
  Qu'un voyageur soit égaré
Bien fatigué , bien altéré ,
  Que la faim le tourmente ,
J'somm' z'assez riches, dieu merci ,
Pour lui dire : entrez , mon ami ,..
Entrez , entrez ; bien v'nu qui se présente !

LA MÈRE DAX.

Ici quenq'fois passe un soldat
  Qui s'en r'vient de la guerre ,
Un homme qui sert bien l'état
  N'est-il pas notre frère ?
Sans qu'il implore notre appui ,
Nous allons au-devant de lui ,
  L'âme toute contente ,
Moi , je l'embrasse et je lui dit :
Partagez ce modeste abri ,
Entrez , entrez ; bien v'nu qui se présente !

GLAREINE.

Et puis, Madame, si vous restiez seulement jusqu'à demain , vous verriez deux mariages.

LA MÈRE DAX.

Oui , deux familles , qui n'en feront bientôt plus qu'une.

BOUCAUT.

C'est ce soir les fiançailles.

MAD. DE ST.-LÉON.

Braves gens , puissiez-vous être aussi heureux que vous le méritez.

BOUCAUT.

Ah ! not' bonheur à nous , c' n'est pas comme dans les grandes villes... Plus j'avons d'enfans , plus je sommes joyeux.

MAD. DE ST.-LÉON.

La chaleur devient excessive... J'accepte vos offres , bonne femme... Entrons chez vous ; j'ai besoin d'un peu de repos.

LA MÈRE DAX.

Pierrette , vite , vas étendre par terre les nattes de jonc.

PIERRETTE , *rentrant.*

Oui , ma mère.

BOUCAUT.

Et nous , je n'pouvons donc pas vous être bon à queuqu' chose, Madame ?

MAD. DE ST.-LÉON.

Je vous remercie. J'ai donné des ordres à Domingue , mon domestique , et j'espère.

RUSTIQUE.

S'il faut qu'il aille chercher des ouvriers à la ville, pour racommoder vot' voiture, il ne reviendra pas de si tôt.

Air : *Au zèle qui nous enflamme.*

Je serions ben plus ingambes
Pour vous prêter un coup d' main,
Avec de pareilles jambes
On n' reste pas en chemin.

LA MÈRE DAX.

Eh bien partez, pour la ville,
Et ne perdez pas de tems,
Madame, soyez tranquille,
Fiez-vous à nos enfans.

BOUCAUT, LA MÈRE DAX, CLAREINE.

J'en réponds, ils sont ingambes,
Ils r'viendront avant demain ;
Avec de pareilles jambes
On n' reste pas en chemin.

Ensemble.

RUSTIQUE et EUSTACHE.

Nous serons bien ingambes,
Pour vous prêter un coup d' main,
Avec de pareilles jambes,
Je n' restrons pas en chemin,

MAD. DE ST. LEON.

Je ne suis qu'une étrangère,
Vous le voulez, mes amis,
Servez le cœur d'une mère
Qui brûle de voir son fils.

BOUCAUT, LA MÈRE DAX, CLAREINE.

J'en réponds, ils sont ingambes, etc.

RUSTIQUE et EUSTACHE.

Nous serons bien plus ingambes, etc.

(*Mad. de St.-Léon entre avec la Mère Dax dans sa chaumière, à gauche. Rustique et Eustache partent par le fond.*)

SCÈNE VIII.

Le Père BOUCAUT, CLAREINE.

CLAREINE.

Eh bien ! quoique j' vas faire, moi, mon père ?

BOUCAUT.

Toi, va-t-en achever tes gâteaux de maïs, et pis t'en iras offrir à c'te dame.

CLAREINE.

Oh! c'est vrai... A propos, mon père, queuq' c'est donc que c'te demoiselle qui était là tout-à-l'heure, qui a une figure si noire?

BOUCAUT.

Ah! ah!... c'est une négresse

CLAREINE.

Négresse!.. Dans queu pays que ça vient donc ça, mon père?

BOUCAUT.

Oh! ça vient de là-bas, là-bas, bien loin.

CLAREINE.

All' est ben drôle, toujours... Mais si j'étais seule avec elle, i m's emble que j'aurais peur.

BOUCAUT.

Peur... Que t'es enfant!... Clareine, je te laisse, entends-tu? J'allons à St.-Sever, cheurcher le tabellion qui doit vous marier.

CLAREINE.

Oui, mon père... Est-ce que vous ne prenez pas vos échasses?

BOUCAUT.

Oh! non... c'est inutile.

CLAREINE, *riant.*

Ah! j'vois c'que c'est... Vous avez peur de tomber, comme l'aut' jour.

BOUCAUT.

Eh bien! si j'tombais, je m'ramasserais... Allez donc, Mamselle, allez donc... J'crois qu' vous vous moquez d'moi.

Air Langedocien.

Retirez, vite et tôt,
Songez qu'il faut
Qu'l'ouvage se fasse...
(Clareine va pour sortir.)
Oui dà!
Quoiq'que c'est qu' ça?
Quand je m'en vas
L'on ne m'embrasse
Pas?...

CLAREINE.

(Elle l'embrasse et le carressse.)
Adieu donc, mon bon petit père;
Vous r'viendrez bientôt, je l'espère...

Ensemble.

BOUCAUT.	CLAREINE.
Adieu !	Adieu !
Oui , oui , dans peu	Rev'nez dans peu
Je r'viens et veux	Nous rendre heureux
Combler tous tes vœux.	En comblant nos vœux.

(*Clareine rentre.*)

SCENE IX.

BOUCAUT , St.-LÉON fils.

BOUCAUT , *s'en allant par le fond.*

C'te pauvre petite !.. C'est tout d'même un joli brin d'fille que j'donnons là à Rustique, et...

st -LÉON , *un livre et une canne à la main.*
Brave homme, suis-je encore bien loin de Tartas ?

BOUCAUT.
Tartas ?.. Quatre lieues, pas davantage.

st.-LÉON.
Et quel chemin faut-il prendre ?

BOUCAUT.
Etes-vous à pied, Monsieur ?

st.-LÉON.
Oui.

BOUCAUT.
En ce cas, passez par la montagne... ce petit sentier à droite.

st.-LÉON.
Je vous suis obligé.

SCENE X.

St.-LÉON fils, ensuite TREMBLIN, *son valet, habillé moitié ville, moitié campagne, des guêtres, un couteau de chasse, une gibecière, valise qu'il porte sous le bras.*

st.-LÉON.

Le singulier pays !... pas une route tracée... Ah! ah! je rirais bien, si j'allais m'égarer... Mais qui ne rirais pas... c'est ce pauvre Tremblin, que j'ai voulu à toute force emmener avec moi... (*se retournant pour le voir venir.*) Arrive donc, paresseux... Est-tu assez lent ?

TREMBLIN, *paraissant.*

Monsieur, je suis mort, si vous allez plus loin.

St.-LÉON.

Il faut pourtant bien que tu reprennes courage, car nous avons encore quatre lieues d'ci à la première ville.

TREMBLIN, *jetant sa valise par terre.*

Quatre lieues! enterrez-moi tout d'suite, ça sera plutôt fait.

St.-LÉON.

Ce soir, tu te reposeras dans un bon lit.

TREMBLIN.

Oui, comme hier, sous un arbre.... à l'auberge de la belle étoile!...

St.-LÉON.

Un peu de patience.

TREMBLIN.

Joli remède!... Enfin, depuis c'matin, avons-nous rencontré un être vivant.... avons-nous vu une souris trotter? V'là nos provisions finies, où en avoir d'autres? Vous prenez tout çà gaîment, mais moi, qui ai le ventre creux, je n'y entends pas raillerie.

St.-LÉON.

Je suis sûr qu'à présent nons n'avons pas plus de deux jours de marche, si nous ne nous perdons pas.

TREMBLIN.

Et si nous nous perdons?... Est-i possible, monsieur, que riche comm'vous l'êtes, pouvant voyager en poste, dans un'bonne voiture, vous fassiez la folie d'vous en aller à pied comme çà... dans des sables qui vous rôtissent les talons; des montagnes où l'on n'trouverait pas un chardon à manger... des chemins... à droite, à gauche, en long, en large, en travers, on dirait que l'diable y a passé... et tout çà pour aller au-devant de madame vot' mère! Vous la rencontrerez aussi.... comme je danse.

St.-LÉON.

Tais-toi, tu n'a pas plus de force....

TREMBLIN.

Qu'une poule mouillée, j'en conviens.

St.-LÉON.

Eh bien, repose-toi, sot!

TREMBLIN.

Bon! encore des sottises par dessus le marché; j'en serai bien plus gras.

ST.-LÉON.

Voilà pourtant des habitations.

TREMBLIN.

Vous appelez ça des habitations... quelques granges aban-
données aux rats.

ST.-LÉON.

Ceci annonce au moins que nous sommes dans le voisinage
d'une métairie.... Restes là, je vas voir.

TREMBLIN.

Monsieur!... vous me quittez!

ST.-LÉON.

Mais, puisque tu ne peux pas me suivre... Ah! j'aurais
mieux fait de te laisser dans ton village.

TREMBLIN.

Remenez-moi z'y, mon cher maître! je ne demande pas
mieux.

ST.-LÉON, se fâchant.

Demeure ici, te dis-je... je vais aux environs voir si je
ne découvrirai pas... une ferme... quelqu'endroit habité...
où l'on pourra te donner à boire, à manger.

TREMBLIN.

Que vais-je faire tout seul, en vous attendant?

ST.-LÉON.

Assieds-toi... dors.

TREMBLIN.

Dormir... l'estomac vide... ça fait faire de mauvais rêves.

ST.-LÉON.

Eh bien, lis?... tiens, voilà mon livre.

TREMBLIN.

Bonne nouriture... pour ceux qui n'ont pas faim.

ST.-LÉON, avec humeur.

Arrange-toi comme tu voudras... tu m'impatientes.

TREMBLIN, l'appaissant.

Allez, allez, not' maître... mais n'soyez pas long-tems, je
vous en prie!

ST.-LÉON,

Je vais tâcher de rejoindre un homme à qui j'ai parlé tout-
à-l'heure... sois tranquille, je vais revenir.

(Il s'en va par le fond à droite.)

Landes.   C

SCENE XI.

TREMBLIN, *seul.*

Tranquille!... c'est bien aisé à dire... ouf!... (*Il s'as-sied sur sa valise.*) quels déserts !... faut q' nous soyons bien loin de la France... car c'est si différent de la Touraine d'où je suis né natif !... (*il tire une petite gourde de sa poche.*) achevons c'te petite goutte que j'ai tant ménagée... hélas, il n'y en a plus guère. (*il boit.*) v'là la bouteille vide et pas d'espérance que j' puisse d' sitôt la réemplir !... il ne r'vient pas... les frissons commencent à me gagner... br... ou... ou... ou... chantons, on dit qu'ça empêche d'avoir peur.

Air : *Je suis gaillard, je suis joyeux.* (Camille.)

Tra la , la , la , la , la , la
Tra la , la , la , la , la , la...
Un jour la petite Nanon
S'en allait à la ville ,
V'là qu'ell' rencontre un biau garçon
Qui la trouve gentille ,
Un garçon... qui la trouve... gentille
Gentille !...
Mamsell' dit-il , voulez bien prendre mon bras?
Non , non , Monsieur , ça n' se peut pas...
Je n' sais plus (*bis*) la fin d' mon histoire...
Je n' sais plus (*bis*) la fin d' mon histoire
Allons , la jeun' fille ,
Mais finissez donc...
Non , non , je n' veux pas...
Non , non , je n' veux pas...
Tra la , la , la la , la , la...

(*Bruit sourd, il s'arrête effrayé.*)

Oh !... qu'est-c' que c'est qu'ça ?... mon cher maître !... j'ai beau chanter, ça n' me fait pas trouver le tems plus court... Lisons... quoi t'es-que c' livre là ?... n'importe ?... pendant que j' lirai, du moins je n' penserai pas à aut' chose. (*Il lit*) » Voyage... — Allons, c'est un voyage... j'en ai pourtant bien assez comm' ça. » Voyage dans le pays des... Hott... » des-Hots... des Hottentots... — Queu drôle de nom! » Le » pays... des Hott... tentots... est... si... si... tué au » sud... de... l'Af... frique... — De l'Affrique! je n'ai jamais entendu parler de c' département-là. » Les cha... les » chaleurs y sont équecessives... — C'est donc comme ici. » Les sables... brûlans... — Encore comme ici!... ô mon dieu! est-ce que nous serions dans l'Affrique? » La taille... » des Hottentots est en général très élevée... leur aspect est

» effrayant... (*En ce moment deux habitans des Landes,
montés sur leurs échasses traversent le fond du théâtre.*)
—Ah! le ciel me préserve d'en voir! » Leurs cabannes res-
» semblent à celles des Can... des Cananadiens, elles sont
arrondies et terminées en pointe... — C'est bien ça... (*Il
regarde les deux cabanes qui sont autour de lui*) en pointe,
comm' des pains de sucre. » Le pays... est couvert... de
» bois... on y trouve beaucoup de... bêtes... féroces.
— Féroces! » Comme éléphans, tigres... Liopards... on y
» trouve aussi des ânes... (*Jettant le livre.*) — C'est sûr?...
je suis dans l'Affrique!... ô dieu! dieu! j'aimerais autant être
au missipipi... j'vous demande un peu si un Léopard venait,
quelle figure je ferais à côté de la sienne?... un âne passe
encore... nous ferions connaissance... mais un éléphant
qu'on dit qu' c'est si gros... s'il m'avalait, j'y serais comme
Jonas dans le ventre de la baleine.

SCÈNE XII.

TREMBLIN, ZOÉ, *sortant de la hutte avec sa mandoline.*

ZOÉ, *à part.*

Pendant que maîtresse à moi repose... moi, pas envie
dormir et promener autour de la case.

TREMBLIN, (*voyant Zoé, et se sauvant.*)
Que vois-je?... ô ciel!... qu'est-c'que c'est qu'çà?

ZOÉ, *à part.*

Ah! blanc ici!

TREMBLIN, *à part.*
O Dieu! si s'était une Hottentotte!

ZOÉ.

Li avoir peur, on dirait... ah! figure à moi... (*Elle
s'avance.*) Bon blanc.

TREMBLIN, *reculant.*

Pchi! pchi! pchi!

ZOÉ.

Li repousser moi!

TREMBLIN.

Va-t-en, va-t-en... (*à part.*) Si j'pouvais m'fourer
dans queq'trou...

ZOÉ, *à part.*
Moi chanter petite chanson créole... li plus tant effrayé.

(*Elle chante et s'accompagne avec sa mandoline.*)

Air : *Viendras-tu pas, toi que mon cœur adore.*
Quand bon Zoïo s'en aller sur montagne
Et faire signe à petite compagne,
Zilia courir
Tout à travers campagne,
Chanter pour venir
Et sauter de plaisir.

(*A chaque fin de couplet, elle danse à la manière des Créoles.*)

TREMBLIN, *à part, et se rassurant un peu.*

Tiens ! comme elle gazouille ! comme elle frétille !

ZOÉ.

Tous deux assis sur herbette fleurie,
Main de Zoïo dans main de bonne amie,
Tous deux
En doux yeux
Lire amour pour la vie,
Contens et joyeux,
Si grand bonheur pour eux !

TREMBLIN, *se rapprochant un peu.*

Oh !... elle n'a pas envie de me manger, puisqu'elle chante.

ZOÉ.

Pauvre Zoïo ! d'amour à li pour gage,
Vouloir offrir perle et beau coquillage,
Non, dit Zilia, moi pas te crois volage,
Mieux aimer ton cœur,
Gage li pas trompeur !
(*Elle danse.*)

TREMBLIN, *à part.*

Quéu drôle d'langage !

ZOÉ.

Eh bien, toi pas approcher encore ?

TREMBLIN.

Pas... approcher ?... ah ! j'entends... s'il faut vous dire,
je n'en ai pas grande envie.

ZOÉ.

Air : *Oui, noir n'est pas si diable.*

Noire n'est pas si diable.
TREMBLIN, *à part.*
C'en est bien la couleur.
ZOÉ.
Etre gentille, aimable...
TREMBLIN.
Je suis vot' serviteur.

ZOÉ.

Avoir toujours, toujours bon cœur,
Si toi connaître moi,
Toi plus du tout d'effroi...

TREMBLIN.

Je n'ai pas peur... mais j' tremble,

ZOÉ.

Puisqu'hasard nous ressemble,
Causer tous deux ensemble...

TREMBLIN.

Moi causer avec vous !

ZOÉ.

Chouchou !...

TREMBLIN, *à part.*

Chouchou !
Ce nom là cependant est bien doux.

Vous n'avez donc pas l'intention de me dévorer ?

ZOÉ.

Dévorer !

TREMBLIN.

On dit que les sauvages mangent les hommes...

ZOÉ.

Moi, pas sauvage.

TREMBLIN,

Vous êtes pourtant de l'Affrique ?... hein ?

ZOÉ.

Oui, Affrique, pays à moi.

TREMBLIN.

Est-ce vrai que... dans pays à vous... il y a beaucoup de bêtes... féroces ?

ZOÉ,

Oui, beaucoup... des lions, des panthères... tout plein dans les forêts... Mais ici, moi pas peur, pas peur du tout des bêtes.

TREMBLIN,

En c'cas, je reste avec vous... puisque ça vous connaît, prenez-moi sous vot' protection.

Air *de la Kalenda.*

Je suis votre ami.

ZOÉ, *faisant des gestes à la manière des nègres.*

Koui ! koui ! koui !

TREMBLIN.

Près d' vous me voilà :

ZOÉ, *de même.*

Koua! kona! kona !

TREMBLIN.

Si quelque panthère
Venait sur mes pas,
Et d' moi voulait faire
Son petit repas,
N' m'abandonnez pas!
Je suis votre ami!

ZOÉ.

Koui! koui! koui!

TREMBLIN.

Près d' vous me voilà :

ZOÉ.

Kona, koua, koua.

TREMBLIN.

Koui! koui! koua! koua! queq' ça veut dire ça en bon français?

ZOÉ.

Moi pas bien parler frannais... mais beaucoup aimer blancs.

TREMBLIN.

Blancs.

ZOÉ.

Oui, maîtresse à moi... grand embarras... eux tout de suite donner tout ce qu'ils ont; moi bien contente et voudrais pouvoir rendre à toi service de même.

TREMBLIN.

Vous voudriez me rendre service?.. il ne tient qu'à vous. Commencez par me faire apporter une bonne bouteille de vin et un bon pâté; nous verrons après.

ZOÉ.

Oh! toi demander impossible.

TREMBLIN.

Le pays ne produit pas de pâtés?

ZOÉ.

Pas connais, pas connais... Mais toi demander autre chose.

TREMBLIN.

Eh bien! apportez-moi... c' que vous voudrez... un bon crouton de pain. (*à part.*) Car je vois qu'en Afrique, les alouettes ne tombent pas toutes rôties.

ZOÉ.

Toi attendre, attendre un peu... Moi chercher à la case.

TREMBLIN.

A la cave!

ZOÉ, *montrant la hutte.*

A la case.

TREMBLIN.

Dans c'te baraque de paille ?

ZOÉ.

Oui.

TREMBLIN, *effrayé.*

Il y a donc du monde là-dedans ?

ZOÉ.

Oui ; d'abord maîtresse, et puis...

TREMBLIN , *à part, et reculant.*

Une bande d'Hottentots, qui ne seraient pas aussi accom-
modans. (*haut, à Zoé.*) Grand merci, je ne veux rien...
Ne dites pas, je vous en supplie, que vous m'avez rencontré.

ZOÉ.

Pourquoi ?

TREMBLIN.

Pour des raisons... à moi connues.

ZOÉ.

.. Moi rentrer toujours, et. voir si maîtresse et réveillée...
Adieu, bon-blanc, adieu. (*Elle rentre.*)

SCÈNE XIII.

TREMBLIN , *seul.*

Oui, bon blanc... C'est une sirène qui voulait m'attirer,
et puis une fois dedans, crac, sors si tu peux.

SCÈNE XIV.

TREMBLIN , St.-LÉON fils.

ST.-LÉON.

Eh bien ! t'es-tu assez reposé ?

TREMBLIN , *lui sautant au cou.*

Ah ! c'est vous, c'est vous, mon pauvre maître !.. Que je
vous embrasse... vous revoilà.

ST.-LÉON.

Oui, mais pas plus heureux que lorsque je t'ai quitté.

TREMBLIN.

C'est égal, décampons au plus vite.

ST.-LÉON.

Tu as donc retrouvé tes forces ?

TREMBLIN.

Oui, oui; je suis prêt à faire vingt lieues, s'il le faut, pour sortir d'ici.

St.-LÉON.

Allons, tu auras encore eu quelques frayeurs, pendant mon absence... Maudit poltron !

TREMBLIN.

Poltron !.. on le serait à moins... Monsieur, savez-vous où nous sommes ?

St.-LÉON.

Eh ! sûrement que je le sais.

TREMBLIN.

Et vous ne frémissez pas, quand vous n'êtes entouré que de lions, de tigres, d'éléphans ?..

St.-LÉON.

Imbécille !.. Qu'est-ce qui t'a fait de pareils contes ?

TREMBLIN.

Des contes !.. Je tiens ça d'une habitante du pays elle-même, qui a la figure noire comme vot' chapeau, des dents... ah ! quelles dents !.. et des yeux !.. des yeux... que j'n'osais pas la regarder en face !

St.-LÉON.

Tu as donc parlé ici à quelqu'un, pendant que je n'y étais pas ?

TREMBLIN.

Eh ! oui, encore une fois, Monsieur, à une femme comme je n'en ai jamais vue. Pour l'amadouer, j'lui ai dit que j'étais son ami; elle m'a répondu : koui, koui. Les mains suppliantes, j'ai ajouté : ne m'abandonnez pas; elle m'a dit : koua, koua.

St.-LÉON.

Et cette femme a troublé ton imagination !.. Sais-tu au moins où elle demeure !

TREMBLIN.

Là, là, dans c' t'hutte de Cana...

St.-LÉON, *vivement.*

Cette chaumière est donc habitée ?

TREMBLIN.

Eh ! sûrement.

St.-LÉON, *voulant y entrer.*

Traître ! que ne me le disais-tu tout de suite ?

TREMBLIN, *l'arrêtant.*

N'y entrez pas, Monsieur, n'y entrez pas.

ST.-LÉON.

Veux-tu bien me quitter?

TREMBLIN, *à genoux et se cramponnant après lui.*

Non, non, Monsieur, je ne vous lâcherai point. Il y a peut-être là-dedans dix-mille Hottentots, qui ne feront de vous qu'une bouchée.

ST.-LÉON, *se débarrassant de lui.*

Décidément, tu as perdu la tête; mais moi, qui ne m'épouvante pas aussi facilement, je vais entrer dans cette cabane, et demander un guide, qui puisse me conduire à Tartas.

(*Il entre dans la cabane où est Mad. de St.-Léon.*)

SCENE XV.

TREMBLIN, RUSTIQUE, EUSTACHE.

TREMBLIN, *sur le devant.*

Oh! c'est sûr, voilà sa dernière heure... La mienne n'tardera sûrement pas non plus. Depuis qu' j'ai lu dans c'maudit livre, i m'semble toujours que j'ai derrière moi une armée de géans.

RUSTIQUE, *qui paraît dans le fond avec* EUSTACHE, *tous deux sur leurs échasses.*

J' n'ons pas été long-tems, j'espère.

TREMBLIN, *sur le devant, aux écoutes.*

Hein?

EUSTACHE, *à Rustique, dans le fond.*

Grâce à nous, c'te dame pourra bientôt se r'mettre en route.

TREMBLIN, *détournant la tête, aperçoit les deux paysans haut montés.*

Ah! ah! c'est fini. (*Il tombe la face contre terre.*)

RUSTIQUE, *s'avançant sans voir Tremblin.*

Air : *Vaud. des Bons Gobets.*

Quand je m'éloigne du hameau,
Et que je quitte ma Clareine,
Vers le bois où j' mèn' mon troupeau,
  Lent'ment je m'achemeine. (*bis.*)
Mais faut-il obliger queuq'z'uns,
Ma marche n'est plus aussi lente,
Je n' connais d'empêch'mens aucuns,
  Et v'là comme j'arpente! (*bis.*)

Landes.   D

(Sur la ritournelle , il parcourt tout le théâtre avec ses échasses.)

TREMBLIN, *se détournant pour les regarder.*
O Dieu ! ils ont au moins cinquante pieds !

EUSTACHE.

Deuxième Couplet.

On dit qu'à la vill' ben des gens
Qui se donnent pour serviables
N' sont pourtant pas trop diligens
A servir leurs semblables. (*bis*)
C' n'est pas ainsi
Dans c' pays-ci,
J'avons l'âme ben plus ardente ;
Faut-il courir,
Pour les secourir,
Voilà comme on arpente. (*bis*)

(Sur la ritournelle , tous deux parcourent le théâtre à grands pas, sans apercevoir Tremblin, qui est couché par terre.)

TREMBLIN, *levant un peu la tête.*
S'ils marchent sur moi , ils vont m'écraser comme une fourmi.

RUSTIQUE, *s'arrêtant tout à côté de Tremblin.*
Eustache, sais-tu bien que la course m'a donné de l'appétit.

EUSTACHE.
J'ons itou une faim d'enfer.

RUSTIQUE.
J' mangerais l' diable, moi.

TREMBLIN, *bas.*
Heureusement qu'ils ne me voient pas.

EUSTACHE.
Qu'est-ce que nous pourrions déjeûner ?

RUSTIQUE.
Oh ! ma foi, il n'y a pas à choisir ; mangeons c' que nous trouverons.

TREMBLIN, *bas.*
Gare qu'ils ne me trouvent !.. Faisons le mort, p'têtre qu'ils n' seront pas tentés de ma peau.

RUSTIQUE.
Viens-t'en cheux nous ; la p'tite sœur nous baillera sûrement queuq' chose.

EUSTACHE.
C'est dit. (*En passant par dessus le corps de Tremblin, il le heurte du bout de son échasse ; il s'arrête et le regarde.*)
Tiens, qu'est-ce que j' vois donc là, par terre ?

RUSTIQUE , *regardant.*

C'est un homme !

EUSTACHE , *remuant Tremblin avec son échasse.*

Ouhé ! l'ami..,. est-ce que vous dormez ?

RUSTIQUE , *de même.*

Camarade, réveillez-vous.

EUSTACHE.

Il n' bouge pas !

RUSTIQUE , *le retournaut avec son bâton.*

Camarade... (*à Eustache.*) Est-ce qu'il s'rait tombé en dé-
faillance ?

EUSTACHE.

Faut pourtant ben essayer de le relever.

EUSTACHE.

C'est vrai ; attends , je vais descendre.

(*Il s'adosse à l'arbre , et descend de ses échasses.*)

RUSTIQUE , *de même.*

Et moi aussi.

TREMBLIN , *bas.*

Hélas ! qu'est-ce qu'ils vont faire de moi ?.. Ah! Tremblin,
Tremblin, Tremblin, c'était bien la peine de quitter ton village... Te v'là frais, mon garçon !.. Tiens, on dirait qu'ils
ôtent leurs jambes !.. Oh ! si j' pouvais retrouver les miennes ,
comme je m'en sauverais !.. Chut , ils r'viennent sur moi ,
ne soufflons mot.

RUSTIQUE.

Viens ; prends-le d'un côté , moi de l'autre.

(*Ils soulèvent Tremblin.*)

EUSTACHE.

Comme il est lourd !.. Mettons-le debout !

RUSTIQUE.

Debout... tu vois bien qu'il ne peut pas se soutenir... As-
seyons-le.. Avance c'te pierre qu'est là. (*Eustache avance
la pierre.*) Nous l'appuierons tout contre.

EUSTACHE.

Mais vraiment, il n'a pas l'air d'être en vie... Tâte donc son
cœur, pour voir s'il bat encore.

RUSTIQUE , *mettant la main sur le cœur de Tremblin.*

Oh! j' t'en réponds ; c'est comme le tic tac d'un moulin.

Air : *Un pauvre oiseau.* (Arnill.)

Dans chaque main, à c'te fin qu'il revienne,
Frappons tous deux, mais surtout frappons fort.

USTACHE *et* RUSTIQUE, *frappant chacun dans une main de Tremblin.*

Pif, paf et pan...

EUSTACHE.

J'ons beau frapper, morguenne !

ENSEMBLE *et frappant.*

Pif, paf et pan...

EUSTACHE.

Il ne r'vient pas encor.

RUSTIQUE.

Essayons donc de lui tirer [illegible] ;
Pinçons tous deux, mais surtout pinçons fort.

(*Ils lui pincent chacun une oreille.*)

TREMBLIN, *faisant tout ce qu'il peut pour supporter le mal.*

Koui, koui, koui...

RUSTIQUE.

Ce moyen fait merveille !

(*Ils le pincent de nouveau.*)

TREMBLIN.

Koua, koua, koua...

RUSTIQUE.

Tu vois qu'il n'est pas mort.

EUSTACHE.

Attends, attends ; j'ons cheux nous queuqu' chose qui va l'ressusciter tout-à-fait.

RUSTIQUE.

Ah ! oui, t'as raison... De c'te p'tite goutte qui r'donne de la force à ton père, quand il r'vient du travail.

EUSTACHE, *rentrant dans sa calutte.*

J'vas en chercher.

RUSTIQUE, *rentrant dans la sienne.*

Et moi donc, à propos, j'oubliais... J'vons prévenir c'te dame, que sa commission est faite.

TREMBLIN, *après s'être assuré qu'ils sont rentrés tous les deux.*

Oui, ressusciter !... J'le suis ; et n'y a pas d'risque que tu m' retrouve ici, va.

Air : *Tenez, moi, je suis un bon homme.*

Les v'là rentrés dans leur tannière,
Bon ! mais par prudence, à mon tour,
Eloignons-nous de ce repaire,
Et n'attendons point leur retour.

Quand mes pauvres os leur échappent,
Gardons-nous bien d'agir en fou :
De crainte qu'ils ne me rattrapent,
Prenons leurs jambes à mon cou.

(Il charge ses épaules des échasses de Rustique et d'Eustache, puis il se sauve avec. Comme il veut s'en aller par le côté gauche, il se trouve tout-à-coup en face du Père Boucaut, qui paraît, accompagné du Tabellion. Tremblin jette un cri, en se retournant, et s'enfuit par le côté droit.)

SCÈNE XIV.

Le Père BOUCAUT, LE TABELLION, *sur des échasses,* ensuite EUSTACHE.

BOUCAUT.

Eh ben ! quoiqu' c'est donc que c't' imbécille-là ; d'où vient-il ?

LE TABELLION.

Je ne sais ; mais on dirait qu'il a peur de nous.

BOUCAUT.

Tabellion, il vous a p'têt' pris pour le diable, avec vot' grand rabat et vot' manteau noir.

LE TABELLION.

C'est vrai que dans tout autre pays, si l'on me rencontrait la nuit, ainsi perché, on croirait voir quelque loup-garou.

BOUCAUT.

Ah ça, vous allez attendre ici, j'vons vous amener nos enfans.

EUSTACHE, *sort de la hutte, il a une gourde à la main et va en courant vers l'endroit où il a laissé Tremblin.*

Tenez, tenez... buvez-moi un p'tit coup de...

BOUCAUT, *se trouvant sur son passage.*

Hola, hé, dis donc, fieu !... où vas-tu comm' ça, avec ma gourde ?

EUSTACHE, *étonné de ne plus trouver Tremblin.*

Eh bien, où est-il ?...

BOUCAUT.

Que cherches-tu ?

EUSTACHE.

Mon père, c'est un pauvre voyageur qui tout-à-l'heure s'est trouvé mal à c'te place, et je venions...

BOUCAUT.

T'es bon, toi, avec ton voyageur.... i doit être bien loin, s'il court toujours.

EUSTACHE.

Comment ?

LE TABELLION.

Eh oui, nous venons de le rencontrer, fuyant comme si tout l'enfer était à ses trousses.

EUSTACHE.

Oh par exemple !... c'était donc pour nous attraper qu'il a fait semblant d'être mort.

BOUCAUT.

Allons, allons, reporte ma gourde où tu l'as prise... Non, non, donne... j'ai chaud... ça me fera du bien... (*Il la prend, boit à même, et l'offre ensuite au Tabellion.*) En voulez-vous, Tabellion ?

LE TABELLION.

Après vous, s'il en reste.

(*Il boit à son tour.*)

EUSTACHE.

Mon père !... c'est donc là Monsieur l'Tabellion ?

BOUCAUT.

Eh oui ! qui vient pour vous marier.

EUSTACHE, *courant à la porte de sa hutte.*

Pour nous marier !... Clareine ! ma sœur ! ma p'tite sœur !... v'là l'Tabellion.

SCENE XVII.

LES MÊMES, CLAREINE.

CLAREINE, *accourant. Elle a un costume de fête.*

Je suis tout' prête.

EUSTACHE, *allant à l'autre hutte.*

Madame Dax ! Rustique ! Pierrette ! v'là l'Tabellion.

CLAREINE.

Mon père, est-ce qu'en passant vous n'avez pas dit au tambourineux d'venir ?

BOUCAUT.

Si fait ! si fait ! i viendra.

CLAREINE.

Ah dame ! c'est qu'i faudra danser.

(51)

BOUCAUT.

Pardienne! est-c'qui gn'y a d'bonne fête sans ça?...
Sois tranquille, i nous viendra aussi des danseu; j'ons in-
vité tous l'z'environs.

EUSTACHE, *s'impatientant.*

Mais voyez donc comme i s'font attendre. (*Appelant
avec Clareine.*) Pierrette! Rustique! madame Dax!

SCÈNE XVIII.

LES MÊMES, **LA MÈRE DAX,** *sortant de chez elle
entourée de ses quatre enfans.*

EUSTACHE.

Air : *Jeunes bergerettes* (de la Dot).

Venez donc, ma mère,
Voici le notaire,
Il ne faut pas perdre de tems;
L'amour nous engage
Qu'un bon mariage
Unisse à jamais vos enfans.

EUSTACHE, PIERRETTE, RUSTIQUE ET CLAREINE.

Venez donc, ma mère,
Voici le notaire,
Il ne faut pas perdre de tems;
L'amour nous engage,
Qu'un bon mariage
Unisse à jamais vos enfans.

BOUCAUT.

Venez donc, commère,
Voici le notaire,
Il ne faut plus perdre de tems,
L'amour les engage,
Qu'un bon mariage
Unisse à jamais nos enfans.

Ensemble.

L'ETABELLION.

Oui, vraiment la mère,
Quand vient le notaire,
On ne doit pas perdre de tems,
L'amour les engage,
Qu'un bon mariage
Unisse à jamais vos enfans.

LA MÈRE DAX.

Finissez avec votre amour,
Je n' somm' pas à la fin du jour,
Quelle enfance,
Un peu d' patience,
Chaq' chose doit avoir son tour;

(32)

Mais mon dieu, d'combler leur désir,
J'aurons ben tantôt le loisir,
Cette dame
Est là qui nous r'clame,
Le devoir marche avec l' plaisir.
(au père Boucaud.)
A l'instant, dans notre logis,
Le hazard vient d'am'ner son fils,
Mes amis vous le voyez bien...
Un malheur souvent cause un bien.

LES QUATRE ENFANS, *la pressant.*

Maman!... est-c'que ça doit nous empêcher de ...

LA MÈRE DAX.

Mais, mon dieu, d' combler vot' désir
J'aurons ben tantôt le loisir; etc...

BOUCAUT.

Dit' donc, et si j'l'invitions à signer l'contrat d'nos enfans?

CLAREINE.

Oui, j'gage que ça nous porterait bonheur.

LA MÈRE DAX.

La v'là! silence! silence! laissez-moi faire.

SCÈNE XIX.

LES PRÉCÉDENS, MAD. DE S. LÉON, S. LÉON, ZOÉ.

MAD. DE S. LÉON.

Bonne femme, nous allons partir.

BOUCAUT, *reconnaissant S. Léon pour lui avoir parlé*
(*Bas à la mère Dax.*) C'est c'monsieur qu'est son fils?

LA MÈRE DAX.

Oui, oui... (*à madame de S. Léon.*) Quoi, madame...
Vous nous quittez au moment que j'allions nous réjouir?

S. LÉON.

Il le faut, mais croyez que nous n'oublierons jamais...

BOUCAUT.

J'aurions bieu eu pourtant une p'tite requête à vous pré-
senter.

MAD. DE S. LÉON.

Parlez.

LA MÈRE DAX.

O mon Dieu... ce... ce n'est rien... ce sont ces

enfans qui . . . qui disÍons qu'ça leux porterait bonheur...
si Madame et Monsieur leux l'sait tant seulement l'amiquié
d'signer à leux contrat d'mariage.

MAD. DE S. LÉON,

Comment donc?

S. LÉON, *bas à sa mère.*

Ma mère, quelle heureuse occasion de vous acquitter en-
vers cette honnête famille !

MAD. DE S. LÉON.

Tu m'as devinée. (*à Clarinette et Pierrette.*) J'accède
volontiers à ce que demandent ces aimables enfans, mais
j'y mets une condition.

CLAREINE.

Laquelle, madame?

MAD. DE S. LÉON.

C'est que la signature n'ira point sans le présent de nôces.

(*Elle donne une bourse d'or à Pierrette.*)

LA MÈRE DAX.

Madame! . . . elles n'accepteront rien.

MAD. DE S. LÉON, *forçant Pierrette de garder la bourse*

Gardez cet or, mes enfans . . . vous saurez en faire un
bon usage.

CLAREINE.

Ah madame!... passez au moins la journée avec nous,
vous serez témoin de notre joie.

MAD. DE S. LÉON, *l'embrassant sur le front.*

J'y consens, (*à son fils*) mais il faudrait faire savoir à Do
mingue, mon domestique.

ZOÉ.

Moi y vas, maîtresse...

RUSTIQUE.

Suffit, suffit, madame... j'ramènerons vot' voiture ici
et demain j'vous accompagnerons... dix lieues s'il le faut,
pour vous r'mettre dans le bon chemin.

S. LÉON, *riant.*

Mais à propos de domestique , je ne vois plus le mien.

Le vôtre, Monsieur?

S. LÉON.

Oui, le garçon le plus peureux que j'aye jamais connu.

BOUCAUT.

Serait-ce lui qui tout à l'heure s'est sauvé. . .

Habitans des Landes.   E

S. LÉON.

S'est sauvé!... oh! c'est bien lui! je vous en réponds, ce pays lui a tourné la tête et je ne serais pas étonné... (*En ce moment on entend plusieurs voix crier dans la coulisse :* arrête, arrête. *Le père Boucaut dit :* qu'est-c'que c'est qu'çà? *tout le monde regarde vers le fond et l'on voit arriver une troupe de Landais et Landaises, amenant au milieu d'eux Tremblin, monté sur les échasses qu'il a emportées, et marchant comme un homme qui n'en a pas l'habitude.*)

SCÈNE VV ET DERNIÈRE.

LES PRÉCÉDENS, TREMBLIN, chœur de Landais et de Landaises, un tambourin à leur tête. (*Les hommes ont des castagnettes. Les uns sont à pied, d'autres sur des échasses.*)

CHŒUR DE VILLAGEOIS, amenant *Tremblin.*

Air de la walse de Mozard.

Oui morgué! faut qu'il réponde ;
Allons point d'façon,
Mon garçon ;
Vous allez d'vant tout le monde
Déclarer vot' nom.

TREMBLIN.

Ah laissez-moi descendre,
Ou bien soutenez-moi,
Je meurs d'effroi!

S. LÉON.

Mais que viens-je d'entendre?...

(*reconnaissant Tremblin.*)

Eh quoi!
Maraud! c'est toi!

TREMBLIN.

Je souffre l' martire!
Et dans mon délire
Je n' puis encor dire
Comment ni pourquoi.

TOUS LES PAYSANS.

Excusez not' pétulance,
J'voyons ben qu'il est
Vot' valet ;
Mais j'voulions, et par prudence,
Connait' son projet.

VREMBLIN.

Mon projet . . . . était tout simple . . . not' maitre, voici l'fait :

Air de Jean Monnet.

On trouve en c' pays sauvage
Des dangers à chaque pas ;
J' voulais ach'ver mon voyage
Sans risque au moins du trépas.
En un mot,
Là, tantôt,
Prenant les jambes d' vos hôtes,
Pour m' sauver des Hottentotes,
Je me suis fait Hottentot.

S. LÉON.

Que veux-tu dire ?

TREMBLIN.

Eh surement… est-c' que nous n'sommes pas dans l'Afrique ?

S. LÉON.

Dans l'Afriqué !…

TREMBIN.

Ne v'là pas des z'huttes de Canadiens ?

S. LÉON.

De Canadiens !

TREMBLIN, *montrant la négresse.*

Et c'te figure ?

S. LÉON.

Zoé !

ZOÉ, *riant.*

Ah ! ah ! ah !… lui tantôt ici… prendre moi pour sauvage qui mange les hommes.

S. LÉON.

Imbécile, nous ne sommes pas à trente lieues de Bordeaux….et n'en déplaise à tes prédictions, le but de mon voyage est rempli, c'est ici, chez ces bonnes gens, que j'ai eu le bonheur d'embrasser ma mère.

TREMBLIN.

Oh ! par exemple… les livres sont donc bien menteurs !.. Oh, en c'cas puisque j'n'ai rien à craindre, mes amis, aidez-moi donc à mettre pied à terre.

BOUCAUT.

Oui, et vous allez danser avec nous.

TREMBLIN.

Danser ! il faudrait avoir mangé.

BOUCAUT.

Ouhé! les enfans, en place, j'vas chanter un' ronde.

TOUS.

En place ! en place !

BOUCAUT.

RONDE.

Air : *La boulangère.*

Suzette un jour entend un' voix
Lui dir' : faut qu' tu m'embrasses,
All' se r'tourne et voit un grivois
Monté sur ses échasses
    De bois,
Monté sur ses échasses.

« Vas, répond Suzette aussitôt,
» Je n' crains pas tes menaces,
» Mais avant de parler si haut,
» Quitte donc tes échasses, }
»   » Nigaud ! } *bis, en chœur.*
» Quitte donc tes échasses. }

Le garçon, pour la prendre au mot,
    Vite se débarasse,
Mais la fille prend le galop,
Emportant les échasses }
      Du sot; } *bis, en chœur.*
Emportant ses échasses. }

En c' monde que d' gens on peut voir
    Qui suiv' les mêmes traces;
I' se vantiont d'un grand savoir,
Otez-leur les échasses, }
      Bonsoir ! } *bis, en chœur.*
Otez-leur les échasses. }

BOUCAUT.

Brunette, Longuet!... à vot' tour, mes enfans ; une danse d' vot' façon.

(Un Landais et une Landaise, montés sur des échasses, exé-cutent une danse du pays au son seulement du galoubet et du tambourin.)

BOUCAUT, *après la danse.*

Eustache, ce n'est pas tout... tu vas t'en aller à St.-Sever et t'en rapporteras... une tonne d'joli petit vin.

EUSTACHE.

Oui, mon père.

LA MÈRE DAX, *aux jeunes filles.*

Et vous, mes enfans, préparez vos fruits, vos gâteaux... tout c'qu'i faut pour ben régaler vot' monde.

TREMBLIN.

J'en serai de c'monde-là, moi, j'espère.

LA MÈRE DAX.

Oui.... Soigez qu'cheux nous on n's'marie qu'une fois et que j'n'ons pas tous les jours l'occasion d'nous trouver en si bonne compagnie. (*En saluant M. et Mad. de St.-Léon.*)

St.-LÉON.

Puissiez-vous conserver la simplicité de vos mœurs,

BOUCAUT.

Et surtout not' gaîté, car c'est ça qui nous fait vivre long-tems!

TREMBLIN, *faisant signe de manger.*

Ça... et puis autre chose avec.

VAUDEVILLE.

RUSTIQUE, *prenant le tambourin et frappant dessus aux en-droits du couplet où il y a pon, pon; pendant tout ce tems tous les hommes font aller leurs castagnettes. (Le même jeu pour chaque couplet.*

Air : *Lorsqu'un soldat aime une belle.*

Premier.

Pon, pon, pon, pon, pon, pon, pon,
Cheux nous un jour de mariage
Est une fêt' pour tout l'canton ;
Pon, pon, pon, pon, pon, pon, pon,
On rit, on fait plus de tapage
Que le tambour et le canon.
Pon, pon, pon, pon, pon, pon, pon,
Là c'est le bruit des castagnettes,
Ici la petite chanson ;
Pon, pon, pon, pon, pon, pon, pon,
La danse anime les fillettes,
Le vin réveille le barbon.
Pon, pon, pon, pon, pon, pon, pon,
Pour étourdir toutes les têtes } *bis, en chœur.*
Viv' la bouteille et l'rigodon ? }
Pon, pon, pon, pon, pon, pon, pon. *On danse.*

BOUCAUT, *prenant le tambourin.*

Deuxième.

Voulez-vous être heureux et sage,
Jeunesse écoutez mes leçons :
Pon, pon, etc.
Qu' la gaîté soit votre partage,
Chassez l'chagrin par les flons, flons.
Pon, pon, etc.

Vous êtes au printems de l'âge,
Profitez bien de c'te saison ;
Pon, pon, etc.
Le tems qui pass' comme un nuage
N'amèn' que trop la raison.
Pon, pon, etc.
Pour le vrai bonheur du ménage } bis, en chœur.
Vive l'amour et l'rigodon !
Pon, pon, etc.

TREMBLIN, *prenant le tambourin.*

Troisième.

De la prudenc' toujours esclave,
Pour moi j'ai peu d'ambition,
Pon, pon, etc.
Si l'on me demande : es-tu brave ?
Je répondrai toujours que non.
Pon, pon, etc.
La bravour' n'est pas mon envie,
Je me moq' du qu'en dira-t-on ?
Pon, pon, etc.
Grâce au ciel, je n'ai point la folie
De m' mettre au rang des fanfarons,
Pon, pon, etc.
Pour demeurer long-tems en vie } bis, en chœur.
Vive la peur et les poltrons.
Pon, pon, etc.

CLAREINE, *prenant le tambourin, au public.*

Quatrième.

Après avoir couru la ville
Avec ses joyeuses chansons !
Pon, pon, etc.
Messieurs, le petit vaudeville
Est venu visiter nos cantons,
Pon, pon, etc.
Nous voulons bien, je vous l'assure,
Etre docile à ses leçons ;
Pon, pon,
Mais pour rend' notre voix plus sûre,
Vous-mêm' daignez nous donner l' ton,
Pon, pon, etc.
Si vos mains battent la mesure } bis, en chœur.
Nos cœurs seront à l'unisson.

FIN.